Anorexia y bulimia
-y otros trastornos alimentarios-

Phillip A Johansen

Editorial Anuket

Índice:

Capítulo 1
¿Qué es un trastorno de la alimentación?

Un trastorno en la conducta alimentaria (TCA) es una práctica alimentaria "anormal" asociada a un gran sufrimiento psíquico, de larga duración y cuyas consecuencias para la salud del individuo pueden ser graves. En este tipo de enfermedad mental se alteran las actitudes hacia el propio cuerpo, el peso y la alimentación. El funcionamiento psicosocial y la calidad de vida también se ven muy alterados.

El origen de los trastornos alimentarios es multifactorial y poco conocido. Se considera que existen factores de vulnerabilidad para un individuo (antecedentes genéticos o biológicos), factores precipitantes (dieta estricta, pubertad, cambios hormonales, evento vital estresante) y factores que mantienen el trastorno (desequilibrios biológicos inducidos, beneficios psicológicos falsos).

Los trastornos alimentarios aparecen generalmente en la adolescencia y afectan principalmente a las mujeres. Sin embargo, también pueden ocurrir en hombres, comenzando en la infancia o en la edad adulta.

Algunos autores mencionan que las comorbilidades afectan hasta al 70% de las personas con trastornos alimentarios: trastornos del estado de ánimo (más del 40%), trastornos de ansiedad (+50%), conductas autolesivas (+20%) y consumo de sustancias (+10%).

Los diferentes tipos de trastornos alimentarios

Hay varias categorías principales de trastornos alimentarios en la clasificación internacional DSM-5 (Manual de trastornos psicológicos). Los más comunes son la anorexia, la bulimia y los atracones. Otros TCA como los trastornos de la ingesta de alimentos (PICA, mericismo, restricción o evitación de la ingesta de alimentos) son más atípicos.

Estas condiciones complejas generalmente causan un gran sufrimiento en los pacientes, por lo que requieren una atención adecuada, lo antes posible. Además, aunque el cálculo de la prevalencia de estos trastornos es difícil de estimar, ciertos estudios consideran que afectan entre el 4,8 y el 9% de la población mundial.

¿Cuáles son los síntomas de un trastorno alimentario?

Este tipo de enfermedad comienza de manera insidiosa y toma forma gradualmente. Por ejemplo, para patologías restrictivas, todo puede comenzar de forma inocua, con el establecimiento de una dieta banal y frecuente en la población, en particular las mujeres, o con el objetivo de comer más sano. Poco a poco, este enfoque se intensificará, se radicalizará y adquirirá una dimensión cada vez más obsesiva y adictiva.
El desafío es la identificación temprana, para evitar complicaciones y la progresión a una forma crónica de la enfermedad. Algunos síntomas y comportamientos pueden alertar:

• **Conductas alimentarias**: Evitación de comidas compartidas, rechazo sistemático de ciertos alimentos ricos, elección de alimentos bajos en grasas, control del peso de los alimentos, intervención en la realización de compras o comidas, uso de excusas para evitar las comidas, periodos de ayuno, prisa por ir al baño después de las comidas...

• **Peso**: Pérdida de peso anormal durante el crecimiento o pérdida de peso rápida y excesiva en caso de sobrepeso inicial, ganancia de peso importante, etc.

• **Preocupaciones relacionadas con lo físico**: Observaciones recurrentes sobre la apariencia física, práctica de ejercicios físicos en exceso, distorsión de la imagen corporal, valoración según la propia imagen corporal. A veces, estas preocupaciones preceden o acompañan una "recuperación" en la escuela o en los deportes.

• **Cambios de humor**: Aislamiento y retraimiento, ansiedad, pesimismo, devaluación, depresión...

Estas conductas son generalmente ocultadas y es muy frecuente la negación del trastorno por parte de las personas que las padecen, lo que representa un obstáculo importante para el tratamiento.

¿A quién consultar por trastornos alimentarios?

La detección y tratamiento de los trastornos debe ser lo más precoz posible. Los trastornos alimentarios son enfermedades psiquiátricas complejas cuyo origen sigue siendo poco conocido. Las causas directas rara vez son identificables y, a menudo, multifactoriales. Los factores de vulnerabilidad pueden ser familiares, genéticos, psicológicos, pero también socioculturales.

Se debe tener especial cuidado en los sujetos denominados "en riesgo", en particular adolescentes y adultos jóvenes, mujeres y aquellos con antecedentes familiares de trastornos alimentarios. Algunas poblaciones también desarrollan actividades profesionales consideradas de "riesgo" (modelismo), disciplinas deportivas que requieren control de peso (danza clásica, musculación) o involucran categorías de peso competitivas (artes marciales, deportes de combate).

Los perfiles y trayectorias de los pacientes son variados. Sin embargo, se destaca la dimensión perfeccionista y ansiosa muy común en la anorexia, así como la inestabilidad emocional. La impulsividad y la inseguridad emocional también son muy comunes en el trastorno bulímico.

Es por ello que el tratamiento de un trastorno alimentario debe hacerse de forma multidisciplinar e individual (adaptado a la edad del paciente y a la intensidad de sus trastornos).

Así, varios facultativos de diferentes especialidades médicas pueden estar implicados en la gestión:

•   En un paciente adolescente, la enfermera o el médico de la escuela puede realizar primero la detección de la enfermedad.

•	El médico general juega un papel central. Puede identificar el trastorno alimentario lo antes posible durante un examen médico de rutina, ante la pérdida de peso o la amenorrea, por ejemplo. Luego dirigirá al paciente hacia la atención más adecuada y lo acompañará durante todo su tratamiento.

•	El psiquiatra juega un papel protagónico, ya que tratará de movilizar la motivación de cambio del paciente y ayudarlo a deconstruir los mecanismos que estructuran y mantienen el trastorno. El objetivo es trabajar en colaboración con el paciente para identificar los factores psicológicos de vulnerabilidad en el origen del trastorno alimentario. El psiquiatra también tiene un papel de coordinación entre el resto de partes interesadas (médico general, psicólogo, dietista, familias, etc.).

Esta red es esencial. La coherencia y complementariedad de las intervenciones permiten al paciente movilizar todos los recursos necesarios para el cambio. Estos son seguimientos a largo plazo.

•	El dietista o médico-nutricionista volverá a enseñar al paciente a comer de forma sana, equilibrada y diversificada, ayudándole a corregir muchas ideas erróneas sobre la alimentación. Le enseñará a evaluar sus necesidades, le explicará cómo funciona su metabolismo y cómo regular su peso. Dependiendo del trastorno alimentario a tratar, adoptará un enfoque diferente. En el caso de la anorexia nerviosa, por ejemplo, acompañará al paciente en la recuperación de un peso saludable, fundamental para obtener una remisión del trastorno.

La recuperación de un trastorno alimentario a veces lleva meses o incluso años. Se prefiere primero la atención ambulatoria. La hospitalización será necesaria en caso de complicaciones físicas o psíquicas o urgencias vitales (desnutrición grave, riesgo de suicidio o autolesiones) o cuando el entorno familiar se vea desbordado y se convierta en un factor peyorativo.

¿Cuáles son las consecuencias de los trastornos alimentarios?

Cada trastorno alimentario tiene consecuencias físicas significativas.

Para la anorexia nerviosa, estas consecuencias derivan de la desnutrición (trastornos digestivos, cese de los ciclos menstruales, letargo, déficits cognitivos, disfunción renal, osteoporosis, etc.). Del 5 al 6% de los pacientes mueren en caso de anorexia nerviosa "crónica" (cuando estos trastornos se prolongan durante más de 5 años). Además, la tasa de suicidio asociada a la anorexia es la más alta de todas las enfermedades psiquiátricas.

Para la bulimia, los riesgos están relacionados con los vómitos repetidos (a corto plazo: descenso de los niveles de potasio en sangre con riesgo de paro cardíaco; a largo plazo: trastornos digestivos y problemas dentales).
En cuanto a las consecuencias de los atracones, la mayoría de las veces están relacionadas con el sobrepeso (enfermedades metabólicas, cardiovasculares y lesiones articulares, en particular).

¿Cuáles son los factores de riesgo para desarrollar trastornos alimentarios?

Los trastornos alimentarios dependen de factores individuales y socioculturales. Muy a menudo se asocian con un problema de imagen corporal, llamado dismorfofobia. La anorexia nerviosa se ve agravada por un contexto social y mediático donde se sobrevalora la delgadez. Muy a menudo se asocia con baja autoestima. Pueden intervenir otros factores de riesgo psicológicos como episodios depresivos o trastornos de personalidad, perfeccionismo patológico o incluso estrés temprano (maltrato infantil, por ejemplo).

En cuanto a los factores de riesgo socioculturales, los círculos deportivos, artísticos y de la moda, en los que el cuerpo está en primer plano, son los más expuestos.

También habría una parte genética en estas patologías. Para la anorexia nerviosa, los genes podrían representar del 50 al 60% de los diversos factores de riesgo. Un estudio ha identificado ocho regiones genéticas fuertemente asociadas con la anorexia nerviosa. Entre estas regiones, genes que controlan notablemente el riesgo de depresión o de desarrollar trastornos obsesivo-compulsivos, pero también implicados en el metabolismo.

Los factores epigenéticos (factores que modulan la expresión génica) también están muy probablemente involucrados: los eventos traumáticos podrían modificar la expresión de varios genes, algunos de los cuales controlan el desarrollo del cerebro, por ejemplo.

Finalmente, otra vía explorada recientemente por los investigadores: la microbiota intestinal, los microorganismos que viven en nuestros intestinos. La investigación ha demostrado que las alteraciones duraderas de la microbiota quizás podrían estar involucradas en las manifestaciones psiquiátricas de la anorexia y promover las recaídas.

¿Cuáles son las vías prometedoras de investigación?

Se exploran muchas vías de investigación. El primer paso es comprender los mecanismos implicados en los trastornos alimentarios. En primer lugar, la identificación de genes que puedan intervenir en su aparición es uno de los caminos seguidos por los investigadores. Esto podría proporcionar información sobre los fenómenos moleculares implicados en estas enfermedades y, por tanto, ofrecer nuevas pistas terapéuticas. También se trata de aprehender mejor los mecanismos biológicos como el impacto de las hormonas en estas patologías, o incluso posibles disfunciones en determinados circuitos cerebrales.

Otra área explorada por la investigación: la neuromodulación. La idea es influir en la función cerebral a través de la estimulación eléctrica o magnética.

Por ejemplo, los equipos han valorado el interés de la estimulación cerebral profunda, en la que se implantan electrodos de forma permanente en el cerebro para estimular zonas muy concretas, en pacientes que padecen anorexia nerviosa severa resistente a las terapias habituales. Todavía queda mucho trabajo para identificar el objetivo cerebral más apropiado, pero estos ensayos muestran el valor del enfoque.

La estimulación magnética transcraneal también sería de interés potencial. Esta técnica tiene la ventaja de no ser invasiva y de ser completamente reversible: las áreas cerebrales se estimulan durante varias sesiones de pocos minutos, a través de potentes imanes colocados a cada lado del cráneo. Los resultados son hasta ahora mixtos. Queda por identificar a los pacientes, anoréxicos o bulímicos, que mejor respondan a estos tratamientos. Los investigadores piensan que también sería necesario intervenir antes en la historia del paciente.
Desde el punto de vista asistencial, aún es necesario mejorar las vías asistenciales para diagnosticar y atender precozmente a los pacientes, e identificar subgrupos de pacientes para establecer las terapias más adecuadas.

Estos son, por tanto, los retos actuales de los profesionales asistenciales e investigadores en el campo de los trastornos alimentarios.

Capítulo 2
Anorexia nerviosa

La anorexia nerviosa es un trastorno alimentario particularmente grave. Los afectados se enfrentan a una marcada pérdida de peso, debido al miedo morboso a engordar y a una visión distorsionada de su imagen corporal.

Los factores desencadenantes no están claros. Al respecto, los médicos han formulado diversas teorías, que parten de la suposición de que, en el origen de la anorexia nerviosa, existe un conjunto de factores biológicos, psicológicos y ambientales.

La sintomatología de la anorexia nerviosa es muy amplia y depende principalmente del miedo a engordar. Este miedo hace que el paciente no coma adecuadamente y, por ello, desarrolle una serie de problemas relacionados con la ausencia de alimentos.

Existen dos tipos de anorexia nerviosa: la anorexia restrictiva, la más común, caracterizada por la pérdida de peso a través de la dieta, el ayuno y el ejercicio físico excesivo, y la anorexia con atracones y vómitos (tipo hiperfágico/purgativo).

La anorexia es la patología psiquiátrica más mortal, porque las complicaciones relacionadas con la desnutrición, especialmente cardíaca, y el riesgo de suicidio entre los pacientes son muy importantes.

La terapia incluye tratamientos de psicoterapia e intervenciones encaminadas a restablecer el peso corporal normal.

La anorexia nerviosa, o simplemente anorexia en los afectados, es motivo de:

*   Pérdida de peso excesiva,
*   Un fuerte miedo a aumentar de peso
*   Una visión distorsionada de la imagen corporal.

El sujeto anoréxico, de hecho, es muy delgado, controla constantemente su propio peso corporal, evita comer y se ve más "gordo" de lo que realmente es.

La anorexia nerviosa trastorna la vida de una persona, ya que el pensamiento relacionado con el peso interfiere con cualquier otra actividad diaria, desde la escuela o el trabajo hasta las relaciones interpersonales.

Epidemiología

La anorexia nerviosa era un trastorno alimentario puramente femenino, aunque en los últimos años se está extendiendo cada vez más también en la población masculina.

Según algunas estimaciones, relativas al mundo occidental, las mujeres con anorexia nerviosa estarían entre el 9 y el 43 por 1.000 (es decir, entre el 0,9 y el 4,3%); mientras que, los hombres con anorexia nerviosa serían como máximo 3 de cada 1.000 (es decir, alrededor del 0,3%).

Por lo general, las personas afectadas son adolescentes, con edades comprendidas entre los 14 y los 17 años.

Causas

Como lo hemos citado, las causas precisas de la anorexia nerviosa no están claras. Según médicos y expertos en la materia, una combinación de factores biológicos, psicológicos y ambientales contribuirían a su aparición.

• **Factores biológicos**
Con base en algunos hallazgos científicos, algunos investigadores argumentan que la aparición de la anorexia nerviosa está relacionada con una predisposición genética.

En otras palabras, creen que la expresión de ciertos genes es un factor que contribuye a la anorexia nerviosa.

En la actualidad, la mencionada teoría aún tiene algunos puntos pendientes, que sólo futuras investigaciones podrán esclarecer definitivamente.

- **Factores psicológicos**

Al analizar el perfil psicológico de las personas con anorexia nerviosa, los expertos en trastornos alimentarios han notado que muchas personas que la padecen tienen un cierto tipo de carácter/comportamiento en común. Por eso, pensaron que la aparición de la anorexia nerviosa está relacionada, de alguna manera, con la personalidad y los rasgos de comportamiento del individuo.

Entrando en detalles del citado estudio, las personas temperamentalmente predispuestas a desarrollar anorexia nerviosa serían:

- Aquellos que tienen una marcada tendencia a sufrir ansiedad o depresión.
- Aquellos que tienen dificultad para manejar el estrés.
- Aquellos que se preocupan fácilmente por el futuro o que, por alguna razón, le temen.
- Sujetos perfeccionistas, que suelen fijarse objetivos rigurosos y que son muy exigentes consigo mismos.
- Individuos particularmente reservados.
- Aquellos que tengan obsesiones/compulsiones o que padezcan el llamado trastorno obsesivo-compulsivo.

- **Factores medioambientales**

Premisa: un factor ambiental es cualquier circunstancia, evento o hábito que puede afectar en alguna medida la vida de un individuo.

En opinión de médicos y especialistas en trastornos alimentarios, el factor ambiental más importante asociado a la aparición de la anorexia nerviosa sería la exposición mediática al mito "delgado igual a bello", propio de la cultura occidental moderna.

Al fin y al cabo, si consultamos cualquier revista o vemos la televisión, tenemos una alta probabilidad de toparnos con anuncios que tengan como protagonistas a mujeres y/u hombres, muchas veces exitosos, con un físico esbelto y libre de imperfecciones.

Además de la exaltación de la delgadez operados por los medios de comunicación, otros factores ambientales que parecen contribuir, más o menos marcadamente, al desarrollo de la anorexia nerviosa son:

• La práctica de actividades deportivas o laborales en las que es importante tener un físico extremadamente delgado. Es el caso, por ejemplo, de quienes practican danza o gimnasia artística o las modelos que desfilan como profesión. Para todas estas personas, el control del peso es imprescindible.

• El estrés emocional que en ocasiones puede derivar de la muerte de un ser querido, de un cambio de hogar o de colegio, de la pérdida del trabajo, del final de una relación de pareja, etc.

• Los cambios anatómicos que ocurren durante la pubertad. Durante los años de la pubertad, el cuerpo humano sufre varios cambios. Si son particularmente evidentes, estas modificaciones pueden representar una profunda incomodidad para algunos individuos, especialmente si estos últimos son objeto de burla o atención especial por parte de sus compañeros.

Todo esto explicaría, en parte, por qué la anorexia nerviosa afecta principalmente a los jóvenes.

•	Pertenencia al sexo femenino. En comparación con los hombres, las mujeres prestan más atención al peso corporal y esta podría ser la razón por la que son más propensas a enfermarse de anorexia nerviosa.

•	La presencia en la familia de personas con anorexia nerviosa u otros trastornos alimentarios similares. Situaciones de este tipo podrían involucrar emocionalmente a algunos miembros de la familia e inducir, en estos últimos, el desarrollo de problemas de la misma naturaleza. Generalmente, las personas que más se impresionan al ver a un familiar con anorexia nerviosa son los adolescentes.

•	Una dieta de adelgazamiento mal controlada.

•	Haber sido víctima de violencia física o abuso sexual. Según algunos estudios, existe cierta correlación entre episodios de este tipo y la anorexia nerviosa.

Síntomas y Complicaciones

La anorexia nerviosa presenta una variedad de síntomas y signos físicos y una variedad de manifestaciones conductuales.

Los síntomas y signos físicos son consecuencia de una alimentación insuficiente (síntomas físicos), mientras que las manifestaciones conductuales dependen del miedo a engordar y de la visión distorsionada de la imagen corporal (síntomas conductuales).

• **Síntomas físicos**
Una nutrición inadecuada tiene numerosas consecuencias físicas. De hecho, determina:

• Pérdida de peso. Típicamente, en pacientes con anorexia nerviosa es extrema.
• Delgadez evidente
• Sensación de cansancio recurrente. Los enfermos lo sienten más cuando empiezan a moverse.
• Insomnio
• Mareos
• Decoloración azulada de los dedos.
• Adelgazamiento, rotura y/o caída del cabello
• Estreñimiento
• Ausencia de la menstruación en la mujer
• Lanugo, es decir, la aparición de un vello fino y suave en algunas partes del cuerpo (por ejemplo, la cara)
• Piel seca y/o amarillenta
• Intolerancia al frío
• Ritmo cardíaco anormal (arritmias)
• Hipotensión
• Deshidración
• Osteoporosis
• Edema en brazos y piernas
• Anomalías en el número de células sanguíneas
• Libido reducida, es decir, deseo sexual deficiente

Síntomas conductuales y ámbito emocional

El miedo a engordar y la convicción de estar gordo inducen a los pacientes con anorexia nerviosa a realizar conductas anómalas encaminadas a la pérdida de peso.

Estos comportamientos anormales generalmente incluyen:

•	La observancia de una dieta muy restrictiva, si no, un verdadero ayuno. Esto, entonces, es lo que causa las manifestaciones físicas anteriores.

•	La práctica agotadora y continuada de actividad física.

•	Vómitos autoinducidos, para eliminar los alimentos ingeridos y que el paciente cree que pueden inducir al aumento de peso. En general, este comportamiento también se asocia con la ingesta de laxantes, diuréticos, purgantes y otros productos similares.

•	El conteo obsesivo de las calorías consumidas diariamente.

El miedo a engordar y la idea de estar gordo afectan fuertemente la vida de quien padece anorexia nerviosa. Este último, de hecho, es generalmente un sujeto que:

•	Le preocupa casi exclusivamente la comida y medir su propio peso corporal.

- Se saltea las comidas principales.
- Tiene mal genio y carece de emociones.
- Se aísla del contexto social y lucha por establecer/mantener relaciones con otras personas.
- Se irrita o tiende a irritarse fácilmente.
- Miente en todo lo relacionado con la comida, alegando que comía cuando no lo hacía.
- Miente sobre su peso.
- Sufre de momentos de depresión.
- Tiene tendencias suicidas (en casos severos).

¿Cuándo ver al médico?

Generalmente, las personas que padecen anorexia nerviosa tienden a rechazar cualquier consulta médica y evitan cualquier tratamiento. De hecho, luchan por admitir sus problemas.

Para convencerles de lo contrario, es fundamental el apoyo de familiares y amigos, que deben insistir, en todos los sentidos, en la importancia de iniciar una terapia ad hoc.

Algunos enfermos son buenos para ocultar los síntomas y debilidades antes mencionados y esto podría complicar la situación considerablemente.

Es importante actuar con prontitud, ya que, debido al ayuno prolongado, las condiciones de salud de los pacientes podrían empeorar de manera marcada, hasta el punto de poner en grave peligro su vida.

Complicaciones

La anorexia nerviosa puede tener diversas complicaciones, que pueden afectar fuertemente la salud y el bienestar de los afectados.

Algunas de las complicaciones más importantes son:

• Anemia
• Problemas cardíacos, como prolapso de la válvula mitral, arritmias cardíacas e insuficiencia cardíaca.
• Problemas musculares (atrofia muscular) y/o óseos (osteoporosis)
• Problemas sexuales, como infertilidad (en mujeres) y disfunción eréctil (en hombres)
• Problemas circulatorios, como hipotensión persistente.
• Problemas gastrointestinales (estreñimiento, hinchazón abdominal, dolor abdominal, etc.) con carácter persistente;
• Daño en el riñón
• Anormalidades en los electrolitos presentes en el cuerpo. Generalmente, tienen tendencia a alterar los niveles de potasio, sodio y cloro.
• Daño al cerebro y nervios periféricos.
• Depresión persistente y/o ansiedad.
• Trastornos de la Personalidad y Trastornos Obsesivo Compulsivos.
• Adicción al alcohol u otras sustancias.

Diagnóstico

Ante un caso sospechoso de anorexia nerviosa, los médicos generalmente recurren a un examen físico escrupuloso, algunas pruebas de laboratorio, una evaluación del perfil psicológico del paciente y algunas pruebas instrumentales para evaluar la salud de ciertos órganos vitales (corazón en primer lugar).

Aunque no son específicas, estas pruebas son muy útiles, ya que suelen permitir establecer con precisión cuál es el problema en curso.

A los efectos de un correcto diagnóstico de la anorexia nerviosa, también es importante recordar la importancia de consultar el denominado Manual Diagnóstico y Estadístico de los Trastornos Mentales (DSM).

El DSM es una colección de todas las características peculiares de las enfermedades psíquicas y mentales conocidas, incluyendo los respectivos criterios requeridos para el diagnóstico.

Examen objetivo

El examen físico consiste principalmente en medir el llamado índice de masa corporal (o IMC).

El índice de masa corporal es un parámetro muy importante, en el que los médicos basan la mayoría de las evaluaciones sobre el peso corporal de un individuo.

De hecho, nos permite establecer si el paciente tiene peso normal, bajo peso, sobrepeso, obesidad u obesidad severa.

Recordando que una persona de peso normal tiene un índice de masa corporal entre 18,5 y 24,9, para poder hablar de anorexia nerviosa un sujeto debe tener un IMC igual y menor a 17,5.

Al finalizar el examen físico, el médico observa el aspecto de la piel, mide la presión arterial y la temperatura, escucha el corazón y comprueba el tono muscular con ejercicios físicos adecuados.

Análisis de laboratorio

Las pruebas de laboratorio generalmente incluyen un conteo sanguíneo completo y una evaluación del nivel de varios electrolitos. Todo esto le permite al médico establecer el estado de salud de órganos importantes, como el hígado, los riñones y la tiroides.

Evaluación del perfil psicológico

La valoración del perfil psicológico suele ser responsabilidad de un experto en el campo de las enfermedades mentales y psicológicas.

De forma resumida, consiste en un cuestionario, en el que el especialista pide al paciente que describa sus pensamientos, hábitos y relación con la alimentación.

Exámenes instrumentales

Las pruebas instrumentales permiten al médico conocer la gravedad de la anorexia nerviosa en curso, si ha derivado o no en complicaciones, etc.
De hecho, consisten en pruebas, como radiografías de tórax y electrocardiogramas, que aclaran la funcionalidad y el estado de salud del corazón del paciente.

Diagnóstico basado en el DSM

Según la última edición del Manual Diagnóstico y Estadístico de los Trastornos Mentales, una persona padece anorexia nerviosa si:

•	Come menos alimentos de los que su cuerpo necesita para funcionar de la mejor manera.
•	Tiene un miedo extremo a aumentar de peso y tiene comportamientos anormales para evitar aumentar de peso.
•	Tiene una visión distorsionada de su imagen corporal, viéndose gordo y con necesidad de adelgazar.

Tratamiento

El tratamiento de la anorexia nerviosa es complejo y requiere la colaboración de especialistas, como dietistas, médicos expertos en trastornos alimentarios, psiquiatras y psicólogos.

De hecho, un paciente con anorexia nerviosa necesita no solo un plan dietético ad hoc, sino también un apoyo psicológico adecuado (psicoterapia).

En otras palabras, el objetivo de la terapia es curar el cuerpo (es decir, los síntomas físicos) y, al mismo tiempo, también curar la mente (es decir, los síntomas conductuales).

Como se ha dicho, es importante actuar con rapidez y cuando la enfermedad se encuentra en sus primeros estadios y aún no ha inducido la aparición de complicaciones.

Punto fundamental: la conciencia del paciente de padecer una enfermedad grave, que requiere tratamiento, es el punto de partida para lograr la curación.

Los sujetos con anorexia nerviosa, que rechazan su condición de enfermos, no se someten a ningún tratamiento o, en todo caso, luchan por seguir regularmente la ruta terapéutica prevista.

¿Dónde se realiza la terapia?

Para la mayoría de los casos de anorexia nerviosa, el tratamiento es ambulatorio. Esto significa que el paciente recibe todos los cuidados que necesita, acudiendo cada día a un centro hospitalario especializado y volviendo a casa al final de cada sesión terapéutica.

Es decir, el paciente tiene un calendario de citas a seguir, establecido por el equipo de médicos que lo han atendido. Los tratamientos ambulatorios son muy ventajosos, porque evitan las molestias de la hospitalización del paciente.

El tratamiento consiste en hospitalización cuando, a juicio de los médicos, la enfermedad se encuentra en un estadio avanzado o grave. En estas situaciones, de hecho, los pacientes necesitan asistencia médica continua.

Psicoterapia

La psicoterapia para la anorexia nerviosa incluye varios tipos de tratamientos:

• **Terapia cognitiva -analítica (o CAT)**. Se basa en la teoría de que ciertos trastornos mentales y ciertos comportamientos, como los que caracterizan a la anorexia nerviosa, se derivan de experiencias particulares de la temprana edad.

El terapeuta que practica CAT tiene como objetivo que el paciente recuerde esos eventos, que desencadenaron ciertos trastornos mentales y ciertos comportamientos, y ayudarlo a encontrar un remedio.

• **Terapia cognitivo -conductual**. Consiste en preparar al paciente para que reconozca y domine los llamados "pensamientos distorsionados" -es decir, los síntomas conductuales- inducidos por la anorexia nerviosa.

Incluye una parte "en el estudio", con el psicoterapeuta, y una parte "en casa", reservada para el ejercicio y perfeccionamiento de las técnicas de dominio.

• **Terapia interpersonal**. Se basa en la idea de que las relaciones interpersonales y con el mundo exterior en general tienen una influencia decisiva en la salud mental de una persona.

Según quienes practican este tipo de psicoterapia, la anorexia nerviosa se debe a sentimientos de baja autoestima, ansiedad e inseguridad, nacidos a raíz de una relación problemática con otras personas.

El objetivo terapéutico es averiguar qué relaciones interpersonales desencadenaron el desarrollo del trastorno alimentario y remediarlas.

• **Terapia familiar.** Es abordada por la psicología sistémica, o sea, la familia vista como un sistema, y no al paciente como un sujeto aislado; por lo que este tratamiento un tipo de psicoterapia que afecta a toda la familia del paciente.

Quienes practican este tipo de tratamiento sostienen que un individuo puede recuperarse de un trastorno como la anorexia nerviosa, sólo si sus familiares (que pasan mucho tiempo con él) también conocen las características de la enfermedad.

La terapia familiar es particularmente adecuada para pacientes más jóvenes que comparten la tragedia de la anorexia nerviosa con su familia.
Normalmente, la psicoterapia dura entre 6 y 12 meses.

Recuperar el peso corporal normal

Para ayudar al paciente en la restauración del peso corporal normal, es un dietista, quien prepara una dieta ad hoc, de acuerdo con las condiciones de salud del paciente.

Claramente, el médico tratante y la familia deben asegurarse de que el paciente siga esta dieta y coma de acuerdo con las instrucciones del especialista.

Para los casos más graves de anorexia nerviosa, la alimentación se administra, al menos durante la primera etapa, a través de una sonda nasogástrica.

Algunos pasos básicos para restaurar el peso corporal normal:

•   Al principio, las cantidades de alimentos administrados deben ser muy pequeñas, ya que el cuerpo del paciente ya no está acostumbrado a recibir porciones normales.

•   La ingesta de alimentos debe aumentarse gradualmente, dando tiempo al cuerpo para que se acostumbre a la digestión de las comidas normales.

•   Generalmente, los tratamientos ambulatorios tienen el objetivo terapéutico de ganar al paciente 0,5 kilogramos por semana.

¿Hay drogas?

A pesar de las numerosas investigaciones científicas sobre el tema, en la actualidad no existe un fármaco específico contra la anorexia nerviosa.
Sin embargo, cabe señalar que, en algunas situaciones, los psicoterapeutas prescriben antidepresivos (inhibidores selectivos de la recaptación de serotonina) o antipsicóticos (olanzapina), para aliviar, respectivamente, cualquier estado de depresión o ansiedad.

Pronóstico

Para las personas con anorexia nerviosa, el pronóstico depende de varios factores, algunos de los cuales ya se han mencionado.

Por lo general, tienen mayores esperanzas de curación aquellos que se someten a tiempo al tratamiento adecuado, mientras que los pacientes con un estado avanzado del trastorno alimentario tienen muchas más dificultades en el proceso de curación.

Hoy en día, las soluciones terapéuticas en las que puede confiar un paciente con anorexia nerviosa son diferentes y han demostrado, en más de una ocasión, su buena eficacia.

Prevención

Actualmente, también gracias a que no se conocen las causas precisas, es imposible prevenir con seguridad la anorexia nerviosa.

Capítulo 3
Bulimia nerviosa

La bulimia, conocida también como bulimia nerviosa, se trata de un importante trastorno alimentario en el que la o las personas afectadas padecen episodios regulares en los que ingieren una gran cantidad de comida —denominados atracones— en los que tiene una pérdida de control sobre la comida ingerida. Posteriormente, aparece un sentimiento de arrepentimiento en los que la persona utiliza diversas opciones para evitar el aumento de peso, como el uso no controlado de laxantes o los vómitos.

Se trata de una afección que normalmente afecta más a mujeres que a hombres, siendo más común en adolescentes y mujeres jóvenes.

Pronóstico de la bulimia

La bulimia se trata de un complejo trastorno de carácter grave que puede derivar en complicaciones., llegando incluso a poner en riesgo la vida del paciente. Las complicaciones más habituales de la bulimia serían alguna de las siguientes:

- Enfermedad de las encías
- Caries
- Deshidratación, que puede derivar en insuficiencia renal
- Problemas cardíacos
- Problemas digestivos

*   Abuso de alcohol y/o drogas
*   Autolesiones, pensamientos suicidas, que pueden derivar en suicidio.
*   Presencia de ácido estomacal en el estómago
*   Poco nivel de potasio en la sangre
*   Estreñimiento
*   Daño en el páncreas
*   Hemorroides

Síntomas de la bulimia

Es habitual que la persona bulímica tenga un peso totalmente normal, pero que se vean a sí mismas con sobrepeso. Así, los signos más habituales de la bulimia son:

*   Repetir episodios de ingerir cantidades excesivas de alimentos en una única vez
*   Durante el atracón, la persona tendrá una pérdida de control, sin poder dejar de comer o sin ser capaz de controlarlo
*   Tras un atracón, forzar el vómito
*   Hacer ejercicio excesivo para no aumentar el peso
*   Utilizar laxantes, diuréticos después de comer
*   Ayunar

La gravedad de la bulimia se determina en función de las veces por semana en la que se producen atracones y su extensión en el tiempo.

Pruebas médicas para la bulimia

El diagnóstico de la bulimia se lleva a cabo tras realizar un análisis tanto de sangre como de orina y tras realizar una exploración física. A su vez, el especialista hablará con el paciente sobre sus hábitos alimenticios, los síntomas físicos y sus posibles formas de perder peso.

Causas de la bulimia

Por el momento, la o las causas de la bulimia son desconocidas. De hecho, existen muchos factores que pueden afectar o influir en el desarrollo de los trastornos alimentarios. Los principales serían la genética, la salud emocional, factores psicológicos, familiares, sociales, culturales...

¿Se puede prevenir la bulimia?

Como tal, no existe una manera que garantice la prevención de la bulimia, pero se puede guiar a una persona hacia un comportamiento saludable o que trate de buscar ayuda profesional especializada antes de que su situación empeore.

Tratamientos para la bulimia

En personas bulímicas, es posible utilizar varios tratamientos, aunque normalmente la combinación de medicamentos antidepresivos junto con psicoterapia suele ser la combinación más eficaz para combatir este trastorno.

No obstante, existen una serie de opciones y consideraciones para tratarla:

• Psicoterapia: se trata de hablar y reconocer los problemas de bulimia con un especialista. Los siguientes tipos de psicoterapia son los más positivos.

• Terapia cognitivo-conductual

• Tratamiento basado en la familia

• Psicoterapia interpersonal

• Medicamentos: los antidepresivos pueden ayudar a aliviar o mejorar los signos de la bulimia cuando se usa junto con la psicoterapia. El tratamiento aprobado para tratar la bulimia es la fluoxetina.

• Educación nutricional: un nutricionista puede ayudar al paciente diseñándole un plan de alimentación con el que se logre estabilizarlo. Normalmente, no es necesaria la hospitalización, pero en determinadas ocasiones al existir complicaciones importantes es posible recibir el tratamiento en el hospital.

Manifestaciones conductuales

Como se ha dicho, desde el punto de vista conductual, el sujeto con bulimia se convierte en protagonista de grandes atracones de comida, seguidos de intentos drásticos, casi "violentos", de neutralizar el aporte calórico de lo ingerido.

En las bulímicas, los atracones de comida son episodios recurrentes, por lo que se repiten con cierta regularidad. Consisten en la ingestión de cantidades muy grandes de alimentos, incluso sin una necesidad real: los bulímicos comen todo lo que tienen disponible; en algunos casos, van a los supermercados a comprar todo tipo de alimentos que pueden devorar con avidez en cuanto regresan a casa.

El establecimiento del deseo espasmódico de comida es un proceso muy rápido, como lo es el repentino.

Las conductas encaminadas a neutralizar el aporte calórico de los atracones (NB: en la jerga técnica representan las llamadas "purgas bulímicas") son el resultado de un repentino sentimiento de culpa, un odio hacia uno mismo y/o una baja autoestima, por lo que se ha hecho y por la cantidad de comida ingerida.

Los métodos más populares de purga bulímica son el vómito autoinducido y el uso indebido de laxantes.

A esto le sigue el uso excesivo de diuréticos, la adopción de dietas muy restrictivas, periodos de no ingesta de alimentos, ejercicio físico ilimitado, etc.

Esfera psicológica

Desde un punto de vista psicológico, la bulímica demuestra:

•	Una actitud obsesiva hacia la comida y el comer.
•	Una visión poco realista de su peso corporal y su apariencia física en general.
•	Momentos de depresión y ansiedad.
•	Tendencia a aislarse y bajo interés en las relaciones interpersonales.

Eventos físicos

Los comportamientos inducidos por la bulimia tienen repercusiones a nivel físico.

De hecho, las bulímicas tienen tendencia a presentar:

•	Problemas dentales. Es una consecuencia del vómito autoprovocado: la comida que sube del estómago, de hecho, es ácida y esto provoca daños en el esmalte dental.

•	Mal aliento, inflamación recurrente de la garganta e hinchazón de las glándulas salivales. Estas son otras consecuencias del vómito autoinducido.

•	Anomalías del ciclo menstrual en la mujer. En casos severos, culminan con la ausencia de la menstruación.

•	Problemas sexuales, como infertilidad (en mujeres) y disfunción eréctil (en hombres).

• Adelgazamiento, rotura y/o caída del cabello.

• Alteraciones de la piel. La piel se seca o adquiere un tono amarillento.

• Desequilibrios electrolíticos, que afectan especialmente a las concentraciones de sodio, potasio y cloro. Los desequilibrios de electrolitos pueden provocar: una sensación de fatiga recurrente, un estado de debilidad generalizada, anomalías del ritmo cardíaco, daño renal, convulsiones y espasmos musculares.

• Problemas intestinales, incluido el estreñimiento debido al uso inadecuado de laxantes.

• Problemas cardíacos, como prolapso de la válvula mitral, arritmias cardíacas e insuficiencia cardíaca (o insuficiencia cardíaca).

• Estado de desnutrición, por ejemplo, el resultado de períodos de nutrición incorrecta

.

Diagnóstico

Generalmente, ante un caso sospechoso de bulimia, los médicos recurren a un examen físico escrupuloso, algunas pruebas de laboratorio, una evaluación del perfil psicológico y algunas pruebas instrumentales para evaluar la salud de ciertos órganos vitales (corazón en primer lugar).

Aunque no sean específicas, estas pruebas permiten establecer, con cierto grado de certeza, el problema actual y su gravedad (presencia de complicaciones, etc.).

A los efectos de un correcto diagnóstico de la bulimia nerviosa, también es bueno recordar la importancia de consultar el denominado Manual Diagnóstico y Estadístico de los Trastornos Mentales (DSM).

Como hemos citado, el DSM es una colección de todas las características peculiares de las enfermedades psíquicas y mentales conocidas, incluyendo los respectivos criterios requeridos para el diagnóstico.

¿Para quién es el diagnóstico?

Habitualmente, el diagnóstico de la bulimia requiere la intervención de un equipo de profesionales, entre los que se encuentran psiquiatras, psicólogos, dietistas, médicos con experiencia en trastornos de la alimentación, enfermeras con experiencia específica en salud mental, etc.

Examen objetivo

El examen físico consiste en una valoración médica del estado general de salud del paciente.

El sujeto de observación: el llamado índice de masa corporal (para comprender las condiciones de peso del paciente sospechoso), la apariencia de la piel y el cabello, el ritmo cardíaco, los dientes, el tono muscular, la apariencia de la garganta, etc.

Además, el examen físico también implica una serie de preguntas relacionadas con el ciclo menstrual (si el sujeto que se analiza es una mujer) o la función eréctil (si el sujeto es un hombre).

Análisis de laboratorio

Las pruebas de laboratorio generalmente incluyen un hemograma completo y una evaluación del nivel de varios electrolitos.

Con base en los resultados de las pruebas de laboratorio, el médico puede establecer el estado de salud de órganos importantes, como los riñones o el corazón, y comprender el porqué de ciertos síntomas físicos (espasmos musculares, convulsiones, etc.).

Evaluación psicológica

La valoración del perfil psicológico suele ser responsabilidad de un experto en el campo de las enfermedades mentales y psicológicas.

De forma resumida, consiste en un cuestionario en el que el especialista pide al paciente que describa sus pensamientos, hábitos y relación con la comida.

Diagnóstico basado en el DSM

Según la última edición del Manual Diagnóstico y Estadístico de los Trastornos Mentales, una persona padece bulimia si:

• Se ha convertido repetidamente en el protagonista de atracones de comida anormales, que la mayoría de las personas no pueden hacer.
• Pierde completamente el control durante los atracones, luchando por encontrar una manera de detenerse.
• Utiliza vómitos autoinducidos, ejercicio extenuante, laxantes, diuréticos y otras drogas para neutralizar la ingesta calórica de los alimentos recién ingeridos.
• Se convierte en protagonista de "purgas bulímicas" al menos una vez a la semana, durante tres meses.
• Ver su cuerpo le provoca baja autoestima y depresión.
• No se ve afectado por la anorexia nerviosa.

Curación de la bulimia: ¿qué significa?

Un individuo bulímico puede definirse curado de la bulimia si:

• Cambia sus hábitos alimenticios.
• Adopta una actitud saludable hacia la comida.
• Tiene un peso normal y no tiene bajo peso.

Pronóstico

Es posible recuperarse de la bulimia, sin embargo, requiere tiempo y mucha fuerza de voluntad por parte del paciente.

Según los médicos y expertos en el campo de los trastornos alimentarios, cuanto antes se inicie el tratamiento, mayor será la probabilidad de recuperación de la bulimia.

En la bulimia nerviosa, es importante mejorar la autoestima para superarla.

Para poder establecer un diagnóstico, la frecuencia mínima de atracones-compensaciones sería de una vez por semana, durante un período de 3 meses.

Factores que influyen en el desarrollo de la bulimia nerviosa

Como el principal factor de riesgo para el desarrollo de la patología encontramos su inicio tras un periodo de dieta. Pero está claro que no todas las personas que van a llevar a cabo una dieta desarrollarán un trastorno de la conducta alimentaria. Habrá que explorar otros factores, como rasgos de personalidad, comportamiento previo de la persona con los alimentos...

La baja autoestima y el perfeccionismo son rasgos íntimamente relacionados con la bulimia. El perfeccionismo se convierte en el factor de alto riesgo para este trastorno cuando se asocia a la percepción de sobrepeso.

En cuanto a las patologías asociadas, encontramos el trastorno distímico y el trastorno depresivo mayor. Pueden aparecer problemas de ansiedad, siendo más frecuente la ansiedad social.

Cómo tratar la bulimia nerviosa desde la Psicología

El tratamiento de elección desde la Psicología sería la combinación de fármacos con la terapia cognitivo conductual.

Entre los objetivos del tratamiento psicológico se encontraría:

- El establecimiento de un patrón regular y flexible de comidas
- El control de los atracones y las conductas purgativas
- La disminución de la ansiedad con respecto al cuerpo y la comida
- La identificación de las principales situaciones de riesgo

En este tipo dc trastornos, ¿cómo se puede trabajar en mejorar la autoestima?

La terapia de los pacientes con bulimia consistirá en un proceso hacia la autonomía, debido a que este tipo de pacientes buscan el constante agrado del entorno, el gustar al otro. El objetivo, por tanto, consistirá en ayudarles a convertirse en su propia referencia y aceptarse de una manera incondicional, es decir, mejorar su autoestima. La terapia se centrará en la necesidad de crear un sentido más firme de sí mismo, que no se base única y exclusivamente en el control de los alimentos y el control del cuerpo. Tiene que prestar más atención a sus emociones, cogniciones, pensamientos, sensaciones. La plena aceptación y la expresión emocional facilitarán la sanación de este tipo de pacientes.

La alexitimia (incapacidad para expresar emociones) es bastante frecuente en este tipo de pacientes, ya que la expresión de las mismas puede suponer el rechazo del entorno, el mayor temor en ellas/os.

Poco a poco va creando una identidad del sí mismo, adquiriendo recursos asertivos que le ayudan a expresarse, perdiendo el miedo al rechazo del otro. Aprenden a asumir las situaciones que le acontecen a través de la razón y la coherencia, y no a través de la comida. Es entonces cuando el paciente se enfrenta a la realidad circundante, siendo él/ella misma, sin buscar la aprobación del otro.

Capítulo 4
Trastorno por atracón

El Trastorno por Atracón ((binge-eating disorder o BED, por su sigla en inglés), parece ser el trastorno alimentario más común entre los hombres, con una prevalencia estimada del 40%, frente al 10-15% de la bulimia nerviosa (BN) y 5- 10% de anorexia nerviosa (AN).

En la literatura no existen muchos estudios sobre el Trastorno por Atracón compulsivo masculino, ya que generalmente las muestras observadas son femeninas o mixtas, por lo que la descripción patológica reportada en este capítulo no distinguirá entre los dos sexos.

Criterios diagnósticos del trastorno por atracón

Los criterios diagnósticos del trastorno por atracón compulsivo, actualizados al DSM IV, son:

Episodios recurrentes de atracones asociados con al menos tres de los siguientes síntomas:

1.   Comer mucho más rápido de lo normal
2.   Comer hasta sentirse incómodamente lleno
3.   Comer grandes cantidades de alimentos incluso si no tiene apetito o hambre.
4.   Comer en soledad por vergüenza
5.   Sentir autodesprecio, depresión y culpa después de cada episodio.

2.	Hay una marcada incomodidad con el comportamiento bulímico.

3.	Los atracones ocurren en promedio al menos 2 días a la semana durante un período de 6 meses.

4.	Los episodios bulímicos no están asociados con métodos compensatorios regulares (vómitos autoinducidos, abuso de laxantes, ejercicio extenuante) y no necesariamente ocurren durante la AN o la BN.

Factores de riesgo y predisponentes para el trastorno por atracón

En el Trastorno por Atracón existen numerosos estudios sobre los factores de riesgo y sus desencadenantes, pero ninguno ofrece respuestas completamente integrales, aunque sí la teoría multifactorial que incluye:

- Factores genéticos
- Factores neuroendocrinos
- Factores evolutivos y afectivos
- Factores sociales.

Experiencias de vida de la niñez y el inicio de BED

Entre estos, las experiencias difíciles de la vida infantil, la presencia de trastornos depresivos en los padres, la tendencia a la obesidad y la exposición reiterada a comentarios negativos sobre la forma, el peso y el modo de alimentación parecen jugar un papel fundamental.

Al contrario de lo que ocurre en la bulimia nerviosa, los atracones pueden representar una huida o un bloqueo emocional y de pensamiento ante un estado emocional considerado intolerable, o representar una dificultad en el manejo de los impulsos; Del mismo modo, otras conductas relacionadas con los impulsos como el alcoholismo, la drogadicción, las autolesiones, la cleptomanía y la promiscuidad sexual pueden desencadenarse en el Trastorno por atracón compulsivo.

Alimentación, peso y apariencia

Desde un punto de vista psicopatológico, la polarización del pensamiento sobre alimentación, peso y apariencia física no parece tan pronunciada como en otros trastornos alimentarios.

Correlaciones de la BED

Estudios en profundidad muestran que el Trastorno por Atracón tiene correlatos genéticos específicos, una peculiar distribución sociodemográfica entre sexos y diferentes etnias, y una elevada comorbilidad con la depresión, cuya prevalencia a lo largo de la vida en estos pacientes se sitúa en torno a los 60 años. La correlación entre el trastorno por atracón, la obesidad y los intentos de reducción de peso aún no se ha definido con precisión. Según un estudio de 1997, el exceso de peso y el consecuente uso de terapias dietéticas que habitualmente se presenta en el Trastorno por Atracón, podría ser una simple consecuencia de la manifestación patológica, y no un factor de riesgo como ocurre con la BN.

Distribución y población de los BED

En la actualidad, el trastorno por atracón compulsivo se considera un trastorno alimentario muy común y se cree que afecta al 2-3 % de la población adulta en general. Su prevalencia aumenta en paralelo con el grado de sobrepeso. Estudios realizados en población general en Italia muestran que la prevalencia del trastorno se estima entre el 0,7% y el 4,6%, mientras que otros estudios realizados en Estados Unidos reportan una incidencia del 5% en los obesos de la población general, 10- 15% de los obesos que utilizan programas comerciales de adelgazamiento, 30% de los obesos que buscan tratamiento para la obesidad en centros especializados, y entre los que pretenden someterse a una cirugía bariátrica, la perturbación podría superar el 50%. Se cree que este trastorno afecta más entre la segunda y tercera década de la vida, sin embargo, investigaciones retrospectivas han revelado que la pérdida de control sobre la alimentación comienza mucho antes del diagnóstico y generalmente antes de los veinte años; este lapso de tiempo entre el inicio y el diagnóstico podría explicar en parte la cronicidad del trastorno.

Influencias genéticas y familiares del BED

No existen muchos estudios sobre influencias genéticas en el Trastorno por Atracón, pero algunos datos indican que la prevalencia del trastorno es mayor en individuos que tienen al menos un familiar de primer grado que padece esta misma enfermedad (60%), en comparación con familias en las que esto está ausente (5%). La investigación a pequeña escala no ha demostrado una tendencia familiar o una relación significativa entre el trastorno por atracón y otros trastornos alimentarios o psiquiátricos. En los noruegos de ambos sexos, el trastorno por atracón parece estar influido casi por igual por factores genéticos (41 %) y ambientales (59 %), con una ligera prevalencia de estos últimos. En un estudio de genética molecular sobre una muestra de 469 obesos, de los cuales 24 con mutación del receptor-4 de melanocortina, se demostró que todos los sujetos con esta alteración dieron positivo al diagnóstico de Trastorno por Atracón.

Factores hormonales en TA

Durante años, la investigación también se ha centrado en la posible influencia de los factores hormonales en la patogenia de los atracones, entre estos los más analizados son la insulina, la adiponectina, la leptina y la grelina, y los cannabinoides. Los primeros estudios sobre los estilos familiares de los Trastornos por Atracón comparan 43 atracones con 88 sujetos que padecen otros trastornos alimentarios utilizando la Escala Ambiental Familiar; El Trastorno por Atracón puntuó más bajo en cohesión familiar, emotividad expresada, disfrute activo, independencia personal; por el contrario, reportan mayores niveles de conflicto y control intrafamiliar.

Factores culturales y psicosociales de la TDA

En el último estudio mencionado anteriormente, también se encontró que en comparación con otros sujetos que padecían otros trastornos alimentarios, los Trastornos por Atracón tenían un nivel cultural más bajo.

Entre los factores psicosociales capaces de influir en la aparición de la enfermedad se destacan la preocupación e insatisfacción con la imagen corporal o el peso y el uso frecuente de dietas adelgazantes.

Estos factores explican el 61-72% de la variación de los síntomas en hombres y el 70% en mujeres.

Tratamiento

En la literatura existen muy pocos datos sobre el tratamiento del Trastorno por Atracón y la eficacia de las terapias utilizadas; cabe señalar que, a corto plazo, la frecuencia de los atracones disminuye significativamente en respuesta a la terapia farmacológica con antidepresivos y diversas formas de psicoterapia como: TCC, TIP grupal, terapia conductual para la obesidad y autoayuda con manuales; a pesar de la reducción de los atracones, no se observaron reducciones significativas de peso.

Capítulo 5
Otros trastornos alimentarios

Trastorno alimentario no especificado

El trastorno alimentario no especificado es un diagnóstico del DSM-5 que se utiliza para calificar todos los problemas que no cumplen con precisión los criterios de los trastornos alimentarios específicos, como la anorexia nerviosa, la bulimia y los atracones. Los médicos pueden usarlo, por ejemplo, cuando no tienen toda la información necesaria para sugerir un diagnóstico preciso de TCA.

Aunque estas formas no encajan en las casillas de duración, frecuencia o incluso síntomas definidos por el DSM-5, esto no significa que el paciente no sufra y no tenga ningún problema real. Algunos de estos casos son los siguientes:

- **Rumiación**

El síndrome de rumiación (también conocido como trastorno de rumiación o mericismo) es un trastorno de la alimentación. En él los alimentos no digeridos regresan del estómago de una persona a la boca (regurgitación). Una vez que la comida vuelve a la boca, la persona puede masticarla y tragarla nuevamente, o escupirla.

El sindrome de rumiación se ha relacionado con otros trastornos alimentarios, en particular la bulimia nerviosa, pero aún no está claro cómo se relacionan estas condiciones. Aunque también se sabe que es una condición rara y crónica que puede afectar a bebés, niños y adultos.

Por lo general las personas que lo padecen comerán normalmente. Pero, después de aproximadamente una hora o dos, la comida no digerida volverá a su boca desde el esófago.

El síndrome de rumiación es un problema raro. Sin embargo, puede estar infradiagnosticado porque se confunde con otros problemas gastrointestinales.

Este acto de regurgitación es una acción refleja que puede ser un acto aprendido e intencional o puede ser no intencional. En este sentido hay que señalar que las personas que tienen el síndrome de rumiación no regurgitan alimentos debido a una enfermedad estomacal o porque se sienten enfermas.

Síntomas del síndrome de rumiación

El síntoma principal es la regurgitación repetida de alimentos no digeridos. La regurgitación generalmente ocurre entre media hora y dos horas después de comer. Las personas con esta afección regurgitan todos los días y después de casi todas las comidas.

Otros síntomas pueden incluir:

*   Mal aliento
*   Pérdida de peso

- Dolores de estómago o indigestión
- Caries dental
- Boca o labios secos

Los signos y síntomas del trastorno de rumiación son los mismos tanto en niños como en adultos. Los adultos son más propensos a escupir la comida regurgitada. Es más probable que los niños vuelvan a masticar y tragar la comida.

Causas del trastorno de rumiación

Las causas exactas del síndrome de rumiación no se conocen. Algunas personas pueden desarrollar este síndrome si tienen problemas emocionales o si están pasando por eventos estresantes.

Es un trastorno alimentario relacionado con la noción de placer. En efecto, por esta subida voluntaria del alimento, la persona revive, inconscientemente o no, la satisfacción que experimentó al ingerirlo. Se asocia a menudo con la anorexia nerviosa.

Al igual que ocurre con otros trastornos alimentarios, la persona que lo padece generalmente desarrolla una verdadera adicción a esta práctica. Se cree que la regurgitación no es intencional, pero es probable que se aprenda la acción requerida para regurgitar.

Por ejemplo, es posible que alguien con un trastorno de rumiación, sin saberlo, nunca haya aprendido a relajar los músculos abdominales. La contracción de los músculos del diafragma puede provocar regurgitación.

Complicaciones del síndrome de rumiación

Si no se trata, el síndrome de rumiación puede dañar el esófago (el conducto que va de la boca al estómago). Otras complicaciones pueden incluir:

* Desnutrición
* Problemas de crecimiento
* Deshidración
* Aspiración (inhalación de alimentos en las vías respiratorias [tráquea/pulmones])
* Asfixia
* Neumonía
* Muerte

¿Cómo se diagnóstica el síndrome de rumiación?

No existe una prueba para el síndrome de rumiación. Por lo que el médico realizará un examen físico y le pedirá al paciente que describa sus síntomas e historial médico. Cuanto más detalladas sean las respuestas, mejor.

El trastorno de rumiación a menudo se diagnostica erróneamente, al confundirse con otras afecciones, por ello es que se necesita más conciencia para ayudar a las personas con la afección y a los médicos a identificar los síntomas.

Los médicos pueden usar pruebas para descartar otros problemas clínicos, como bloqueos. Estas pruebas pueden incluir:

•	Prueba de vaciado gástrico: Mide el tiempo que tarda la comida en pasar del estómago al intestino delgado.

•	Endoscopia superior: El médico examina el esófago y el estómago a través de un endoscopio (un tubo delgado con una cámara en el extremo) que se inserta en la garganta.

•	Rayos X.: Proporciona a los médicos imágenes del interior del esófago y el estómago.

¿Cómo se trata el síndrome de rumiación?

El tratamiento para el trastorno de rumiación es el mismo tanto en niños como en adultos. Este tratamiento se enfoca en cambiar el comportamiento aprendido responsable de la regurgitación.

Un tratamiento más simple y eficaz para el trastorno de rumiación en niños y adultos es el entrenamiento de la respiración diafragmática. Donde se aprende a respirar profundamente y relajar el diafragma. Ya que la regurgitación no puede ocurrir cuando el diafragma está relajado.
Aplicar técnicas de respiración diafragmática durante y justo después de las comidas puede ser benéfico. Haciendo que eventualmente, el trastorno de rumiación desaparezca.

## •	Síndrome de alimentación nocturna

La alimentación y el descanso son dos pilares fundamentales que contribuyen al bienestar y la calidad de vida de las personas. Sin embargo, existen trastornos que pueden alterar el momento en el que ingerimos alimentos y, consecuentemente, provocar una dificultad para conciliar el sueño. Es el caso del síndrome de alimentación nocturna, un desorden alimentario, pero con repercusión en la capacidad para dormirse y las horas de sueño, así como en el estado de ánimo.

¿Qué es el síndrome de alimentación nocturna?

Las primeras referencias al síndrome de alimentación nocturna datan de 1955, siendo el psiquiatra Albert Stunkard el primero en describirlo. En la actualidad, se considera un trastorno alimentario. El reciente "Manual diagnóstico y estadístico de los trastornos mentales" de la Asociación Estadounidense de Psiquiatría incluye el síndrome de alimentación nocturna dentro de su categoría "Otros Trastornos de la Alimentación y de la Conducta Alimentaria Especificados".

El síndrome de alimentación nocturna es, por tanto, un tipo de trastorno o desorden alimentario. Consiste en la ingesta de alimentos durante la noche de forma consciente aunado con problemas para dormir y alteraciones en el estado de ánimo. Se estima que aproximadamente el 1,5% de la población tiene síndrome de alimentación nocturna y que 1 de cada 10 personas afectadas sufre, además, obesidad.

Signos habituales

El síntoma principal del síndrome de alimentación nocturna es comer durante la noche. Para ser considerado como tal, esta ingesta o alimentación nocturna se ha de producir al menos 2 veces a la semana y mantenerse en el tiempo durante 3 meses.

Además, se deben presentar al menos 3 de los siguientes síntomas:

1.   La ingesta de alimentos se ha de producir después de la cena. Este hecho recibe el nombre de hiperfagia nocturna (Hiperfagia: es la ingesta excesiva de comida que no obedece normalmente a cubrir una necesidad fisiológica de hambre). La cantidad puede llegar a ser considerable y en algunas personas puede llegar a representar el 25% de la comida consumida a lo largo del día. La hiperfagia nocturna puede ocurrir después de la cena y antes de quedarse dormido, o bien al despertarse durante la noche.
2.   Percepción de que esta ingesta es imprescindible y necesaria para poder conciliar el sueño.
3.   Problemas para lograr un sueño reparador y de calidad.
4.   Interrumpir el sueño nocturno para saciar las ganas de comer.
5.   Escaso o falta de apetito durante las primeras horas del día (anorexia matutina). Es posible incluso que estas personas no desayunen debido a la saciedad.
6.   Impacto emocional como sensación de culpa, arrepentimiento o vergüenza por la situación. Las personas con síndrome de alimentación nocturna son conscientes y recuerdan esta ingesta nocturna.
7.   Otros síntomas relacionados con este síndrome son la depresión o la baja autoestima.

En este síndrome coexisten la hiperfagia nocturna, la anorexia matutina y el insomnio.

Es importante diferenciar entre el síndrome de alimentación nocturna y el "trastorno alimentario relacionado con el sueño". En este último caso, las personas realizan la ingesta sin ser conscientes de que lo están haciendo, por lo que al despertarse no recuerdan haber comido. Mientras que las personas con síndrome de alimentación nocturna son totalmente conscientes y lo recuerdan posteriormente.

¿Por qué se produce el síndrome de alimentación nocturna?

Hoy en día se desconoce con exactitud qué ocasiona este síndrome. Sin embargo, existen varias teorías al respecto que podrían explicarlo:

•   Alteraciones del ritmo circadiano. El ritmo circadiano es el proceso biológico que regula los cambios a nivel físico y mental que se producen en el organismo durante 24 horas. Según el ritmo circadiano habitual, las personas experimentan la necesidad de alimentarse tanto durante las primeras horas de la mañana como de la tarde. Coinciden por tanto con las primeras horas de la vigilia. En cambio, en las personas con síndrome de alimentación nocturna, el patrón de alimentarse se retrasa y no coincide con las primeras horas de la vigilia, sino más tarde.

•   Desequilibrios hormonales que influyen en esa necesidad de alimentación nocturna.

•   Seguimiento de dietas. Algunas voces relacionan este síndrome con personas que llevan a cabo dietas en su alimentación. En estos casos es posible que se lleve a cabo una ingesta de alimentos insuficiente. Además, puede ser una consecuencia del impacto psicológico que provocan las dietas restrictivas y el deseo que despiertan por la ingestión de ciertos alimentos "prohibidos". La mente manda mensajes contradictorios porque se han autoimpuesto que no deben comer ciertos alimentos. Como consecuencia, estas personas pueden experimentar hambre durante la noche hasta el punto de convertirse en un hábito.

•	Personas que permanecen despiertas durante la noche, alterando, también, su patrón del sueño.

•	Otras causas como el estrés o incluso factores genéticos y alteraciones del estado de ánimo.

¿Cómo tratar esta ingesta nocturna?

Actualmente las líneas terapéuticas se centran principalmente en:

•	Terapia psicológica, en concreto terapia cognitiva conductual.
•	Antidepresivos.
•	Fomentar en los pacientes recursos que favorezcan el autocontrol y la capacidad para dormirse.
•	En caso de que este síndrome sea causa de alteraciones hormonales, es posible recurrir a tratamientos que ayuden a regular adecuadamente estos niveles.

En cualquier caso, el tratamiento es piramidal y se debe tratar desde la base, empezando por la terapia psicológica para mejorar la relación con la comida. Además, es importante destacar que el tratamiento requiere paciencia y colaboración por parte del paciente.

- **Potomanía**

La potomanía es un trastorno alimentario no especificado (TANE) que se define como el deseo de beber grandes cantidades de líquido, generalmente agua, de manera compulsiva y sin que exista una sensación previa de sed. También se denomina polidipsia psicogénica.

Esta ingesta masiva proporciona a la persona afectada una sensación placentera, por lo que puede llegar a ingerir entre 8 y 15 litros de agua, dependiendo de la gravedad del caso.

Beber más de dos o tres litros de agua diarios deja de ser beneficioso para el organismo y resulta nocivo para la salud, porque puede alterar el correcto funcionamiento de los riñones y la composición de la sangre (que debe contener un 8% de agua), y pone en peligro el equilibrio de fluidos y electrolitos dentro del organismo.

Causas de la potomanía

El hipotálamo es una región cerebral que, entre otras funciones, es responsable de que se mantenga la cantidad de agua necesaria para el organismo y de advertir de la falta de líquido emitiendo la señal de la sed. Una alteración en el mecanismo de funcionamiento del hipotálamo podría provocar episodios de potomanía (potomanía neurológica), pero los expertos coinciden en que esto es sumamente extraño, por lo que asocian el trastorno con un desequilibrio psiquiátrico y es que, en general, los trastornos alimentarios están relacionados con problemas psicológicos y desórdenes de la personalidad.

Existen diversos factores de riesgo que pueden influir en la aparición de este trastorno:

•	Ciertas enfermedades mentales, como trastornos de la personalidad, cuadros delirantes y síntomas histéricos.

•	Enfermedad renal crónica.

•	Desórdenes orgánicos o patologías hormonales (como la diabetes mellitus, uno de cuyos síntomas es, precisamente, la polidipsia o exceso de sed).

•	Padecer anorexia nerviosa. En este caso el afectado bebe gran cantidad de agua, bien con el objetivo de saciarse sin ingerir calorías, o bien para incrementar el peso corporal justo antes de acudir al especialista para pesarse y, de este modo, engañar al profesional.

•	Uso de medicamentos, como antiinflamatorios no esteroideos, diuréticos tiazídicos y litio, que interfieren con la función del riñón, y fármacos anticolinérgicos, que provocan sequedad de boca, entre otros.

- Alteraciones en el funcionamiento del hipotálamo.

Este trastorno alimentario es parte de un deseo de purgar, purificar, limpiar. También puede tener como objetivo llenar al máximo el estómago y estar asociado a la anorexia nerviosa. En este caso, beber en grandes cantidades sirve para apoyar la sensación de hambre.

- **Ortorexia**

La ortorexia es un trastorno de la conducta alimentaria que consiste en la obsesión por la comida sana. Las personas que sufren esta patología se sienten obligadas a seguir una dieta restrictiva que, según los casos, puede excluir la carne, las grasas, los alimentos sin etiquetado ecológico, los aditivos... Puede acarrear carencias nutricionales y alterar la salud mental.

El ortoréxico no sustituye los alimentos que rechaza por otros que puedan aportarle los mismos complementos nutricionales. Esto se traduce en anemia, carencias vitamínicas o de oligoelementos o falta de energía.

En la actualidad, esta patología no está recogida en las clasificaciones psiquiátricas oficiales, pero los psiquiatras y psicólogos reconocen su existencia y la tratan en sus consultas, especialmente en las dedicadas a los trastornos alimentarios porque el hecho de que el individuo le dedique demasiado tiempo en detrimento de otras dimensiones de su funcionamiento psicosocial (familia, trabajo, escolaridad, ocio) también subraya su carácter patológico. Comparte muchas características con la anorexia, en particular la preocupación excesiva por la comida y sobre todo la dimensión restrictiva que también puede conducir a carencias y complicaciones. Muy lógicamente, observaremos una pérdida de peso que puede llegar a ser patológica. Algunos deportistas pueden tener un perfil de riesgo por este tipo de comportamiento (vigilancia obsesiva de la higiene de la vida). Así, para muchos especialistas, sería una potencial puerta de entrada a la anorexia en sujetos de riesgo.

Causas

No están claros los factores que están detrás de la ortorexia, pero se ha observado que suele manifestarse en personas con comportamientos obsesivos y muy perfeccionistas. Este último rasgo es compartido con los sujetos que sufren anorexia, bulimia u otros trastornos de la conducta alimentaria (TCA) y, de hecho, en algunos casos la ortorexia forma parte de la sintomatología restrictiva de esas patologías.

Psiquiatras y psicólogos observan con frecuencia que la preocupación excesiva por la comida sana tiene que ver con un malestar o una dificultad personal que se intenta paliar controlando otros aspectos de la vida. En este caso, a través de la comida.

Síntomas

El síntoma principal que caracteriza a esta enfermedad es la preocupación excesiva por todo lo que se ingiere.

Los pacientes invierten un gran número de horas al día planificando y preparando las comidas.

Suelen ser tan estrictos que incluso se sienten culpables cuando lo incumplen y se castigan con dietas y ayunos aún más rígidos. Del mismo modo, eliminan por completo determinados alimentos en su dieta, no sólo carnes y grasas, sino también otras sustancias como el azúcar.

A diferencia de otros trastornos de la alimentación, los ortoréxicos suelen ser personas muy abiertas a la hora de difundir sus reglas de alimentación y no se abstienen en mostrarse orgullosos de ellas frente a otras personas.

Del mismo modo, menosprecian a aquellas que no siguen reglas dietéticas, por lo que el paciente puede verse abocado al aislamiento social.

La ortorexia suele comenzar con hábitos de vida saludables que se convierten en obsesión y puede provocar en los pacientes grandes pérdidas de peso. Además, pueden perder la capacidad de comer intuitivamente, es decir, dejan de saber cuándo tienen hambre o cuándo se encuentran saciados.

Prevención

Para evitar llegar a la obsesión por la alimentación sana, los especialistas recomiendan seguir los siguientes consejos:

•	Regirse por una comida sana que incluya la cantidad y variedad de alimentos que el organismo necesita para funcionar correctamente.

•	Es importante que se incida en la educación de los niños a través de consejos como el respeto a uno mismo y a los demás y educar con modelos de belleza y conducta no estereotipados.

Diagnóstico

Debido a que existe una fina línea entre el interés por la comida sana y la obsesión por ella, se debe recordar que la clave para el diagnóstico de cualquier enfermedad mental es que el trastorno cause daño al paciente, tanto físico, como social y emocional.

Para detectar la ortorexia, los especialistas incluyen en la entrevista clínica preguntas destinadas a esclarecer la existencia de un comportamiento patológico, como las siguientes:

•	¿Te preocupas más por las características saludables de lo que comes que por el placer de comerlo?

•	¿Pasas más de tres horas al día pensando en comida saludable?

•	¿Te sientes superior respecto a otras personas que no comen como tú?

•	¿Tu calidad de vida ha disminuido a medida que la calidad de tu dieta ha aumentado?

•	¿Te sientes culpable si te saltas la dieta que has decidido seguir?

Tratamientos

El tratamiento de las personas que sufren ortorexia se basa en la terapia psicológica y la terapia farmacológica, según los casos. El tratamiento se basa en abordar lo que subyace a esa actitud tan patológica. De ahí que se apoye fundamentalmente en la psicoterapia. En algún momento, depende de las consecuencias afectivas o de ansiedad que tenga el afectado, se puede administrar algún regulador del estrés o de la ansiedad.

En muchos casos el trastorno se aborda de forma multidisciplinar, con un equipo de profesionales que incluya psiquiatra, psicólogo y dietista-nutricionista. La educación nutricional es esencial para que el paciente vuelva a recurrir a la intuición: debe comer cuando tenga hambre y dejar de hacerlo cuando se sienta satisfecho.

Se recomienda que se incorporen poco a poco todos los nutrientes que fueron descartados y que se prosiga con una alimentación saludable en la que se ingieran cantidades suficientes de todos los grupos de alimentos.

Otros datos

Los ortoréxicos no se preocupan por la cantidad que ingieren, sino más por la calidad de los alimentos, pues llegan a creer que una dieta saludable llevada al extremo puede curar ciertas enfermedades.

La ortorexia avanzada puede suponer un peligro para la salud, sobre todo por causar hiponatremia (niveles bajos en sodio), acidosis metabólica (cuando el cuerpo produce demasiado ácido o cuando los riñones no están eliminando suficiente ácido del cuerpo) y pancitopenia (en la que el paciente tiene bajos los niveles de glóbulos rojos, glóbulos blancos y plaquetas).

En cuanto a las consecuencias psicológicas y sociales, quien sufre esta patología llega a dedicar mucho tiempo a pensar en qué va a comer, hacer la compra, cocinar los alimentos, etc., lo que implica un incremento del pensamiento obsesivo en torno a la comida, haciendo que la persona se centre en su alimentación y se aísle y pierda el contacto social. Evitar reuniones con familia y amigos por desconfiar de lo que se va a comer también fomenta que la persona se aísle, llegando a desarrollar ideas suspicaces y paranoicas. Finalmente, ese aislamiento genera sentimientos de tristeza, vacío e insatisfacción vital.

- **Pica**

La pica es un trastorno de la alimentación en el que una persona ingiere cosas que no se consideran alimentos. Los niños pequeños se meten a menudo cosas en la boca (como césped o juguetes) por la curiosidad que tienen sobre el mundo que los rodea. Pero los niños con pica van más allá de estas conductas. Y se pueden llegar a tragar cosas que les pueden provocar problemas de salud.

¿Cuáles son los signos y los síntomas de la pica?

Las personas pueden tener antojos de comer objetos que no son alimentos y se los pueden comer, como los siguientes:

- tierra
- barro o arcilla
- piedras
- papel
- hielo
- ceras de colores
- cabello
- virutas de pintura
- tizas o yeso
- heces (cacas)

Los niños con pica pueden tener problemas de salud, dependiendo de qué sea lo que comen. Entre ellos, se incluyen los siguientes:

- Anemia ferropénica (por deficiencia de hierro)

•	Intoxicación por plomo, por comer virutas de pintura que contiene plomo

•	Estreñimiento o diarrea, por comer cosas que el cuerpo no puede digerir (como el cabello)

•	Infecciones intestinales, por comer tierra o heces que contienen parásitos o gusanos

•	Obstrucción intestinal, por comer cosas que obstruyen los intestinos

•	Lesiones o heridas en la boca o los dientes

Causas de la pica

Los médicos no saben exactamente cuál es la causa de la pica. Pero es más frecuente en personas con:

•	Problemas del desarrollo, como el autismo o las discapacidades intelectuales.

•	Problemas de salud mental, como el trastorno obsesivo compulsivo (TOC) o la esquizofrenia.

•	Desnutrición o hambre. Los objetos no alimenticios pueden aportar a un niño hambriento o desnutrido una sensación de saciedad. Las carencias de algunos nutrientes, como el hierro y el zinc, pueden desencadenar antojos específicos.

•	Estrés. La pica se observa a menudo en niños que viven en condiciones de pobreza, o en aquellos que han sufrido malos tratos, abusos sexuales o abandono.

La mayoría de los casos de pica se dan en niños pequeños y en mujeres embarazadas. Es normal que los bebés y los niños de hasta dos años de edad se metan cosas en la boca. Por lo tanto, este comportamiento no se considera que es un trastorno hasta que un niño supera los dos años.

La pica suele mejorar a medida que el niño se hace mayor. Pero en aquellos niños que tienen problemas del desarrollo o de salud mental, la pica puede seguir siendo un problema en momentos posteriores de la vida.

¿Cómo se diagnostica la pica?

Los médicos pueden pensar que un niño tiene pica si está ingiriendo objetos que no se consideran alimentos y:

- Lleva haciéndolo durante por lo menos un mes
- Esta conducta no es normal para un niño de su edad y etapa del desarrollo
- El niño tiene factores de riesgo de pica, como una discapacidad o un problema del desarrollo.

Los médicos también pueden:

- Determinar si el niño tiene anemia u otros problemas de nutrición
- Medir la concentración de plomo en sangre del niño
- Pedirle análisis de heces para saber si tiene parásitos
- Pedirle radiografías u otras pruebas de diagnóstico por la imagen para saber qué es lo que ha comido el niño o para detectar posibles problemas intestinales, como una obstrucción.

¿Cómo se trata la pica?

Los médicos pueden ayudar a los padres a gestionar y a detener los comportamientos relacionados con la pica. Por ejemplo, pueden colaborar con los padres del niño para que aprendan a impedir que el niño acceda a los objetos no alimenticios que le gusta comer. Pueden recomendar cierres de seguridad a prueba de niños y usar estantes elevados a los que los niños no puedan acceder.

Algunos niños con pica necesitan la ayuda de psicólogos o de otros profesionales de la salud mental. Si estos tratamientos no resultaran eficaces, los médicos les podrían recetar medicamentos.

No existe un tratamiento específico para la pica, aunque se pueden ofrecer algunas técnicas conductuales.

- **Dismorfia Muscular o Vigorexia**

La palabra "vigorexia" viene del inglés de los términos 'big' (grande, en inglés) y 'orexis' (del griego, deseo o apetito) y fue descubierta durante un estudio en el que se analizaban los efectos de los esteroides anabolizantes; los autores de dicho estudio se dieron cuenta de que muchos de los participantes tenían una excesiva preocupación por desarrollar sus músculos.

La vigorexia se refiere a la obsesión por agrandar los músculos. Se considera una dismorfia muscular. Dentro del manual psiquiátrico está clasificada en el trastorno obsesivo compulsivo. Esto es así porque, la vigorexia consiste en una obsesión por defectos que son percibidos por la persona que no son percibidos por los demás.

Básicamente, la vigorexia, también conocida como complejo de Adonis, consiste en que a la persona le preocupa de forma muy exagerada que su cuerpo sea demasiado pequeño o que tenga poca masa muscular. En la sociedad en la que vivimos, donde existen unos cánones de belleza casi inalcanzables, los trastornos de dismorfia corporal y de la alimentación tienen cada vez más prevalencia. La vigorexia, en concreto, afecta más frecuentemente a los hombres y no tanto a las mujeres.

Ya hemos tratado los trastornos de la alimentación como la anorexia o la bulimia que son bien conocidos, sin embargo, la vigorexia no lo es tanto. Si bien no es un trastorno de la alimentación, también tiene que ver con el cuerpo y la imagen corporal. Sus características comunes son, principalmente, la preocupación excesiva por verse bien a nivel físico y llevar a cabo conductas disfuncionales y poco adaptativas para conseguirlo, como alimentarse de manera errónea, o consumir productos de dudosa procedencia, pero que se publicitan como "milagrosos".

Las causas de la vigorexia son esencialmente culturales. Tal es así, que la vigorexia ha aumentado en las últimas décadas. Los estereotipos de belleza y de género que han sido tan estrictos con la población femenina empieza a afectar también a la población masculina. Mientras que a las mujeres se les exige vientre plano y curvas proporcionadas, a los hombres se les exige tener los músculos definidos, ser altos y voluminosos y tener fuerza. Como vemos, la industria de la cosmética y la moda y su publicidad y sus exigencias nos afecta a todos, ya que estamos sometidos a esta presión; sin embargo, quien más riesgo tiene de padecer este tipo de trastornos son las personas con un perfil obsesivo.

Síntomas de la vigorexia

Estas son las principales manifestaciones clínicas de la vigorexia que le pueden ayudar a identificarla:

1. Preocupación por ser débil o poco musculoso
Este es el síntoma que mayormente caracteriza el trastorno de vigorexia. La preocupación es constante y, como toda obsesión, ocupa una cantidad de tiempo mayor a la que la persona desearía.

Este tipo de pensamientos generan ansiedad, lo cual lleva a la persona a llevar a cabo conductas para eliminarla, tales como realizar ejercicio, consumir proteínas u otras sustancias, lo cual forma parte de la sintomatología de este trastorno y que veremos más adelante.

2. Incapacidad de ver con objetividad el cuerpo
Las personas con vigorexia, al igual que ocurre en la anorexia, por ejemplo, no son capaces de reconocer que lo que ven en el espejo no es objetivo y que no representa la realidad. Por eso, en el tratamiento de la vigorexia es importante hacer una buena psicoeducación y explicarle a la persona lo que le está

pasando, de dónde vienen sus pensamientos y su ansiedad y la función que cumplen sus conductas.

Sienten una gran insatisfacción con su cuerpo y de forma muy recurrente se miran al espejo para comprobar el tamaño de sus músculos. Las comprobaciones son un síntoma que también comparte el TOC o trastorno obsesivo compulsivo.

3. Pensamientos obsesivos y recurrentes

Los pensamientos suelen ser del estilo "soy demasiado débil", "soy pequeño", "no estoy lo suficientemente fuerte" y también pensamientos sobre cómo cambiar de aspecto: "tengo que coger más peso en el gimnasio", "debería dedicar más tiempo al deporte", "tengo que tomar más proteína", etc.

Estos pensamientos, a su vez, pueden generar ansiedad y depresión por el sentimiento desagradable que genera en torno al cuerpo. Esto puede llevar a rumiaciones y a entrar en bucles de los que es difícil salir o que solo se calman haciendo ejercicio, comprobaciones mirándose al espejo o ingiriendo alimentos proteicos en exceso. Además, la preocupación y un excesivo control de la dieta es también muy frecuente, así como las comparaciones con el cuerpo de otra gente.

4. Conductas de evitación

Dado que el hombre que sufre vigorexia está tan preocupado por su físico y, al mismo tiempo, acomplejado, evitará aquellas situaciones sociales en las que su físico se vea expuesto. Es común en personas con vigorexia que eviten reuniones familiares, ir a la piscina o llevar cierto tipo de ropa.

Como hablábamos al principio, este tipo de conductas se dejan de hacer para evitar la ansiedad que genera la exposición del cuerpo. Esto tiene como consecuencias que la persona empiece a evitar áreas de su vida que para ella son importantes y que, a largo plazo, le pueden generar más problemas a nivel social y familiar.

5. Excesivo ejercicio físico

El ejercicio físico se convierte en el área central de su vida, dejando de lado, como venimos diciendo, familiares, amigos o incluso desatendiendo tareas de responsabilidad como el trabajo. Como ocurre con las obsesiones, el problema es que esta es tal que la persona que la sufre tiene dominada su vida pues esta gira en torno a aquella. Es importante no confundir preocupación con obsesión.

En la vigorexia, se siente la necesidad de hacer ejercicio especialmente con mancuernas de mucho peso para incrementar el tamaño corporal. Se pasa mucho tiempo en el gimnasio o en lugares donde se realiza este tipo de ejercicio anaeróbico. Si se salta un entrenamiento o la dieta, tendrá sentimientos de culpa y llevará a cabo conductas compensatorias como ingerir más proteína o pasar más tiempo en el gimnasio al día siguiente.

6. Consumo y abuso de sustancias peligrosas

Según estudios realizados, el consumo de hormonas es siete veces mayor en personas con vigorexia que en culturistas no vigoréxicos. Estas sustancias tienen como objetivo aumentar la masa muscular y, si su consumo no tiene una supervisión médica, pueden llegar a ser perjudiciales para la salud. Además, también se abusan de esteroides anabolizantes y suplementos alimenticios que, al igual que las hormonas, pueden ser dañinos.

7. Descuido de otras áreas de la vida

Al ser el cuidado del cuerpo, el entrenamiento y la dieta el centro de sus vidas, las personas con vigorexia acaban por descuidar a familiares, amigos y parejas, así como la vida laboral, los estudios u otras aficiones que no sean el deporte. Este descuido suele ser progresivo, es decir, se empieza yendo un determinado número de minutos al entrenamiento y, con el tiempo, van aumentando las horas, alejándose de los círculos sociales, sobre todo, debido también a que no quieren exponer el cuerpo en público.

Podríamos decir que este último síntoma expuesto es el más importante, en el sentido de que es el más preocupante de todos. Cuando descuidamos áreas de nuestra vida que para nosotros son importantes, su vida deja de estar equilibrada, dado que solo dedicará su tiempo y su implicación a una de ellas. Por eso, las obsesiones son tan peligrosas. Generan mucha insatisfacción con la vida y, aunque la persona con vigorexia crea que el hacer ejercicio es la solución a sus problemas, su vida está dominada por la ansiedad y síntomas depresivos.

Igualmente, las consecuencias no son únicamente psicológicas, como podemos imaginar. La sobrecarga de entrenamiento y el consumo de esteroides puede dañar los músculos, los huesos y las articulaciones, así como el hígado y los riñones, entre otros síntomas.

Como conclusión, cabe señalar que es cierto que los factores culturales y los cánones de belleza corporales cumplen un importante papel a la hora de desarrollar este tipo de trastornos. Al mismo tiempo, diversos estudios han remarcado que quienes padecen vigorexia u otros trastornos de dismorfia corporal suelen tener una baja autoestima, son introvertidos y, en general, tienden a ser muy perfeccionistas.

Algunas recomendaciones para prevenir la vigorexia:

•	A la hora de llevar a cabo un programa de ejercicios, es necesario que estén supervisados por un entrenador profesional.

•	Es aconsejable realizarse exámenes físicos que determinen el estado de salud, además de las necesidades y capacidades del individuo para adaptar los ejercicios a realizar.

•	Los especialistas recomiendan establecer ejercicios que se adecúen al nivel físico de la persona, evitando actividades que requieran sobreesfuerzos innecesarios.

•	Es importante detener el ejercicio en el momento en el que se presente fatiga, cansancio o dolor muscular excesivos.

La persona no tiene conciencia de su patología por lo que siempre tienen que ser asesorados por un deportólogo, nutricionista, psicólogo y hacerles entender cómo es su cuerpo saludable. Es un abordaje interdisciplinario

Vigorexia: el uso de esteroides

En las redes sociales abundan los vídeos con consejos para usar la química y conseguir una musculatura espectacular. Se trata de auténticos tutoriales en los que algunos culturistas animan al empleo de esteroides anabolizantes, minimizando las advertencias sobre sus riesgos. Estos contenidos constituyen un caldo de cultivo para las personas con más riesgo de padecer vigorexia.

La dismorfia muscular, popularmente conocida como vigorexia, es un trastorno mental relativamente nuevo, tanto que ni siquiera está oficialmente reconocido en las clasificaciones médicas de enfermedades. Sin embargo, es una realidad a la que se enfrentan psicólogos y psiquiatras. Se describió por primera vez en 1994. Es una patología poco estudiada y con muy escasa penalización social. Tanto los trastornos de la conducta alimentaria (TCA) como la dismorfia muscular "generan menos alarma" cuando se producen en hombres. Cuando una chica que está delgada va al gimnasio muchas horas, no es extraño que el propio personal del centro le diga algo. Sin embargo, esto no pasa con los chicos; sucede lo contrario: hay mucho reforzamiento.

Ese reforzamiento, es de carácter endogámico y se inscribe dentro de lo que se conoce popularmente como la subcultura del culturismo. Los interesados se relacionan con otros jóvenes en su misma situación y se van retroalimentando unos a otros hasta el punto de que, cuando llegan a las conductas más extremas de la dismorfia muscular, que tienen que ver con el consumo de esteroides anabolizantes, el acceso a estas sustancias muchas veces se logra a través de los propios compañeros de gimnasio.

Riesgos de los esteroides anabolizantes

Los esteroides anabolizantes son versiones sintéticas (artificiales) de la testosterona que se utilizan para aumentar el volumen muscular. Pueden administrarse por vía oral, mediante inyección intramuscular o bien aplicarse en forma de gel o parches sobre la piel. Los deportistas pueden tomar esteroides durante un periodo de tiempo, interrumpir la administración y empezar de nuevo varias veces en un año. A este proceso se le llama ciclo.

Estas sustancias, cuando se utilizan con fines médicos, como puede ser para recuperar la masa muscular perdida debido a un cáncer, ocasionan muy pocos problemas. Sin embargo, los deportistas pueden llegar a consumir dosis entre 10 y 50 veces superiores, y esa utilización si representa un auténtico peligro. Tiene muchos riesgos físicos y también psiquiátricos. Entre los más graves, cabe destacar los siguientes:

- Mayor riesgo de desarrollar brotes psicóticos.
- Disminución del volumen testicular.
- Galactorrea (producción de leche en hombres o en mujeres que no están en periodo de lactancia).
- Ginecomastia (agrandamiento patológico de una o ambas glándulas mamarias en el hombre).
- Insuficiencia renal.
- Fallo hepático.
- Mayor riesgo de infarto.
- Más riesgo de ictus.

Más permisividad en redes sociales

En internet en general, así como en Facebook, Twitter, Youtube y otras redes sociales en particular, existe desde hace algunos años una política de moderación respecto a determinados contenidos que hacen apología de los trastornos de la conducta alimentaria, es decir, de la anorexia y la bulimia. Si alguien sube un contenido en el que se defienden comportamientos relacionados con esos trastornos, automáticamente salta un mensaje que advierte de que se trata de un contenido perjudicial y aparece una guía de recursos y recomendaciones.

Sin embargo, los filtros que se aplican a los vídeos que explican cómo hacer un ciclo de esteroides son casi inexistentes. En esos contenidos aparecen jóvenes que explican la forma en que ellos, sin tener ni idea de medicina y sin ningún tipo de supervisión profesional, han hecho un ciclo de esteroides, qué dosis han tomado e, incluso, a veces proporcionan enlaces de las páginas web en las que han comprado las sustancias.

En algunos casos, los youtubers inician sus tutoriales con frases con las que intentan defenderse de posibles denuncias de ilegalidad, como la siguiente: "Yo no soy médico y no debéis hacer ni consumir nada sin la supervisión y prescripción de un médico de verdad; no hagáis caso a quien no dice más que tonterías, como yo". Pero no es más que una consigna. Invariablemente, a continuación, el youtuber musculado hasta el extremo ofrece consejos prácticos sobre cómo utilizar la química para obtener mejores resultados. Teniendo en cuenta que muchas de estas sustancias son ilegales, es como si alguien subiese a las redes un vídeo titulado cómo inyectarme heroína.

Del culturismo a la vigorexia

El tráfico ilegal de anabolizantes ha crecido significativamente en los últimos años y este mercado negro se ha convertido en un negocio muy lucrativo. Entre los consumidores de estas sustancias se encuentran los culturistas, pero no son los únicos. Los expertos en salud mental advierten que la línea que separa el culturismo de la dismorfia muscular o vigorexia es muy delgada. El riesgo aumenta con la sobreexposición en redes sociales.

En a vigorexia la persona afectada no se ve suficientemente musculada o fuerte. Por eso realiza ejercicio de forma compulsiva -sobre todo, levantamiento de pesas- y orienta su alimentación al objetivo de alcanzar un mayor volumen muscular.

A diferencia de la anorexia y la bulimia, este trastorno es mucho más frecuente en hombres y suele iniciarse un poco más tarde, en torno a los 18-19 años. Las personas más vulnerables suelen tener los siguientes rasgos:

- Autoestima baja.
- Exceso de perfeccionismo.
- Escasa flexibilidad de comportamiento.
- Dificultades en las relaciones interpersonales.
- Problemas para regularse emocionalmente.

Además de consumir esteroides de forma abusiva, muchos acaban convirtiéndose en entrenadores o montan un negocio de suplementación deportiva, ya que de esta forma pueden compaginar su día a día con aquello en torno a lo cual gira toda su vida.

El tratamiento de la dismorfia muscular es eficaz, pero para llegar a él es preciso superar un gran obstáculo: la baja conciencia de enfermedad que suelen tener los afectados.

#####